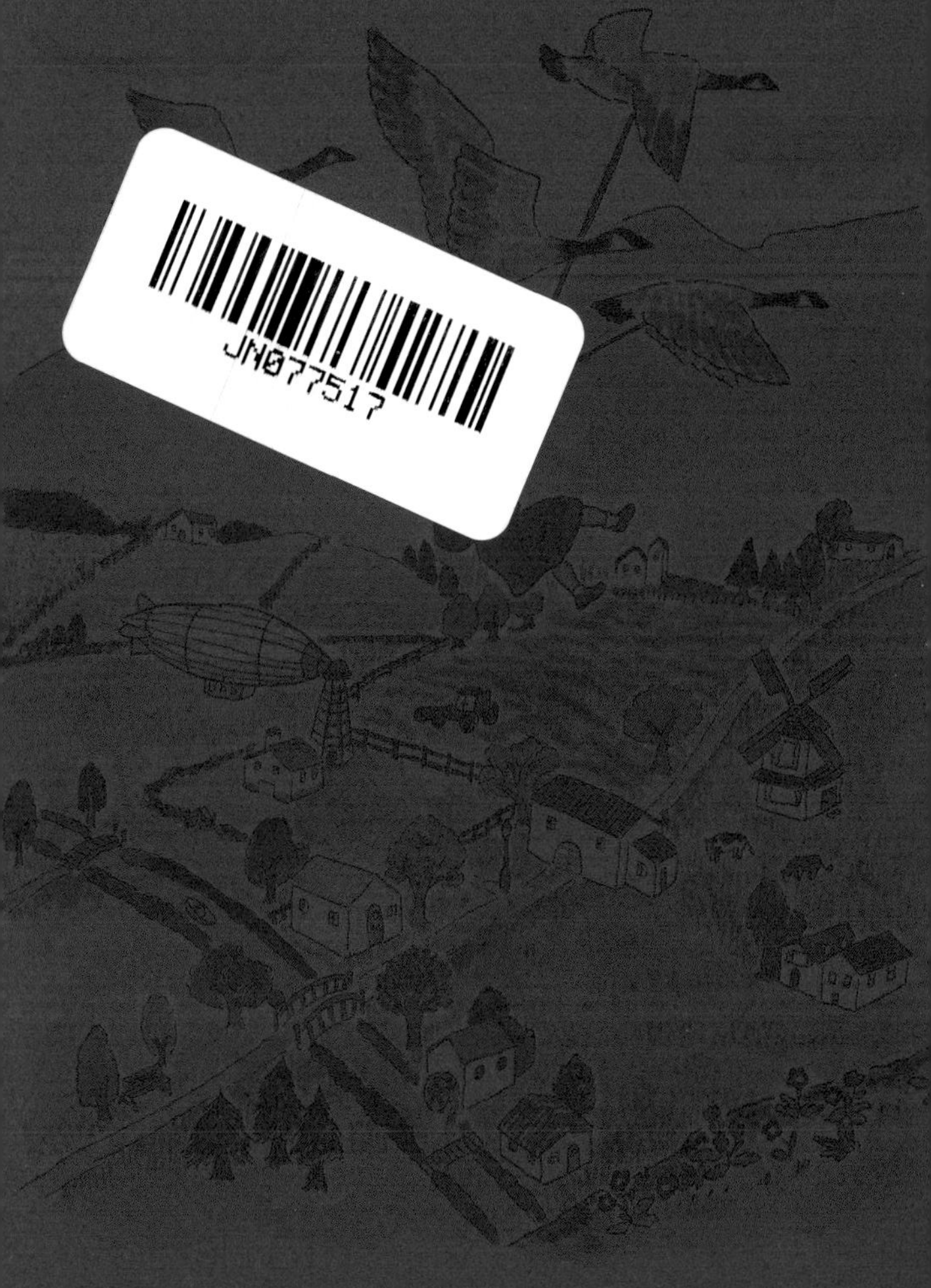

よもは氷にとざされて
えうみも音をひそむとき
いまし緑のかげもくちせず
空をしのぐは　なんのちからぞ

祖父の古い手帳から、小さな、黄ばんだ紙片がひらりと落ちた。
エンピツで、何か書かれている。

お母さん、これ、どういう意味なんだろう。

紙片を受け取った母は、ははーん、というふうにうなずいた。

これは冬のことなの。
お祖父ちゃんが好きだった詩なの。
本当に寒い冬で、どこもかしこも、冷たい氷に閉ざされてるの。
海の波も凍ってしまうほど寒い、いちばんの冬なの。
そんな時期にはなんでも枯れるか凍るかして、
何も生きていないように見えるでしょ。
でも、そういう冬のいちばん寒いときでも、
ひとつだけ緑色をしているものがあるの。

それは空高く立っていて、空の高さもつきぬけていくように見えるの。
なんだと思う？

冬も緑色で、空まで届きそうなもの。

うん。

木かな。

正解、それは「常磐木《ときわぎ》」っていう詩なの。
長い詩のなかの一部なの。

お母さん、この詩を暗記してるの？

暗記はしてないけど、このメモ、ずっと前に見たことあるの。
そのときは、この詩が書いてある本に、はさまってたの。
だから、どういう意味かわかったの。

お祖父ちゃんは、なんでこれ、メモしたのかな。

好きだったんじゃない？

世界のすべてが氷に閉ざされて、海も凍ってしまうようなときでも、高く伸びている常緑樹。その木は、「なんの力で立っているんだろう？」。

それは、植物の生命力とか、その植物の個性、本能というか、性質のようなので立っているに違いない。

でも、お祖父ちゃんは、木の性質に感動して、この一節をメモしたわけではないだろう。

これを書いた詩人も、植物学に興味があってこれを書いたわけではないだろう（あったかもしれないけど）。

お祖父ちゃんはなんで、これを手帳にはさんでおいたのかな。

なんでだろうね。

いつでも思い出せるようにしたかったのかな。

そうかもしれないね。

どんな寒いときにも、
空よりも高く立っている緑色の木になりたかったのかな。
そういう力がほしかったのかな。

そうだね。
お祖父ちゃんがなんでそうしたかは、わからないけど、
お母さんが思うには、
お祖父ちゃん、ずっとがんばって商売をしてたでしょう。
いろんな人といっしょに仕事をしてたんだけど、
いつだったか、けっこう長くやってた仲間の人が、突然やめちゃったの。
お祖父ちゃんはすごく怒ったんだけど、

2、3日して落ち着いて、こういうことを言ってたよ。

「商売っていうのは、欲がなくちゃできない、だからきれいごとばかりじゃできない。でも、欲っていうのは、ちょっとしたことで消えるんだな。本当にちょっとしたことで、元気がなくなるみたいに、欲がなくなる。商売を長く続けるには、とにかく欲が消えないことがだいじだ。よく、情熱とか言うけど、熱くなったら、いつかは冷めるし、燃え尽きちゃうだろう、そういう欲はすぐ消えちゃうんだ、それじゃダメなんだ」

そんなようなことを、言ってたよ。

情熱みたいに熱い力じゃなくて、冬の緑の木みたいな力。

そういうことかもしれないね。
もしかするとね。

（引用部「常磐木《ときはぎ》」『藤村詩集』島崎藤村　新潮文庫）

3年の星占い 2021-2023

aries

牡羊座

石井ゆかり

すみれ書房

「新しい名前」を手に入れる

はじめに

こんにちは、石井ゆかりです。

本書は、いわゆる「西洋占星術」の手法で、2021年から2023年の流れを読み解く本です。

星占いは今日とてもポピュラーで、その手法もだんだんと世に広まってきています。私が星占いを学び始めた20数年前とは、隔世の感があります。

星占いは厳密には「誕生日で区切った、12種類の性格占い」ではありません。

たとえば「私は牡羊座です」と言うとき、これは正確には「私が生まれた瞬間、空の牡羊座のエリアに、太陽が位置していました」ということになります。

一般に言う「12星座占い」は、正確には「太陽星座占い（生まれたときの太陽の位置を基準にした占い）」です。

いわば、生まれたときからあなたのなかに輝き続けている太陽と、今、天に光っている星々が、たがいに呼び合う声を聴く、そんな占いが「星占い」なのです。

本書は「3年」という時間の流れを射程に入れています。

「3年」には、「石の上にも三年」「桃栗三年柿八年」のように、「ある程度時間がかかることが完成する期間」というイメージがあります。

実際、日本では中学校や高校は3年で卒業です。

であれば、この「3年」の入り口で何かしら目標を掲げたら、3年後にはそれが叶っている可能性が高い、と言えるかもしれません。

星の動きから見ても、2021年から2023年は星座を問わず、特に「時間のかかる目標」を掲げるのにふさわしいタイミングです。

というのも、2020年12月に起こった「グレート・コンジャンクション（木星と土星の会合）」は、約200年を刻む「時代」の節目となっていました。

産業革命に始まった資本の時代、お金とモノの所有が人々の目標となった「地の時代」が終わり、新たに「風の時代」、すなわち、知や関係性、情報、コミュニケーション、テクノロジー、ネットワークなどが力を持つ時代が始まったのです。

2020年はみなさんも体験された通り、「いつも通りの生活」が世界規模で吹き飛ばされる時間となりました。

多くの人が命を落とす悲劇が起こりました。さらに、生き延びた人々の多くが、大切なものを失い、生き方そのものを変更せざるを得なくなりました。

過去200年のなかで私たちが培った価値観のいくばくかは、思いがけないかたちで消え去ったのです。

占星術を知る人々のあいだでは「2020年は大変な年になりそうだ」という予測は多くなされていて、私自身、そうしたコメントを雑誌などに出してはいたのですが、これほどのことが起こるとは想像していませんでした。むしろ、もっと人為的な、大きな国際紛争などが起こるのではないかと考えていたのです。最後の「地の星座の時間」は、文字通り大自然に震撼させられる年となりました。

そして、「風の星座の200年」の幕開け、2021年が到来します。

「風の時代」の始まりの2021年、多くの人が新たな価値観を選び、生き方を選び、新しい夢を描くことになるでしょう。

多くの悲しみと苦悩の向こうで、人々は、希望をつかもうとするはずです。

これまでできなかったことも、できるようになるかもしれません。

かつてとはまったく違う「新しい自分」に出会えるかもしれません。

本書を手に取ったあなたの心も、すでに新しい時間の息吹を、少しずつでも感じ取っているはずです。


何かを新しく始めるときや、未知の世界に歩を進めるときは、だれでも不安や恐怖を感じるものだと思います。

この3年のなかで、あなたもそんな「始まりへの怯え」を感じる場面があるかもしれません。

そんなとき、本書から「大丈夫だよ！」という声を聞き取っていただけたなら、これほどうれしいことはありません！

3年の星占い―牡羊座―2021年-2023年◎目次

第2章 1年ごとのメモ

第3章 テーマ別の占い

ブックデザイン
石松あや
（しまりすデザインセンター）

イラスト
本田亮

DTP
つむらともこ

校正
鷗来堂

第1章

3年間の風景

3年間の風景

《2021年から2023年の牡羊座を、ひとつの「風景」として描いてみます。そのあとで、「風景」に見えたもの（文中ハイライト）をひとつずつ、日常的・具体的な言葉で読みといていきます》

・2021年までの風景

まずは2021年の入り口に立った今、ここまでの時間を振り返ってみましょう。

過去3年、いや6年ほどの長い長い旅のなかで、あなたがたどってきた道は主に、山のなか、森のなかにありました。

長く続く険しい**山道、暗い森の道**、孤独や疲労があなたをしばしば襲いました。

ときには絶望しかけたこともあったかもしれません。

自分がどこに向かっているのか、よくわからないこともあったでしょう。

もちろん、いいこともあったはずです。

山道では、よく晴れた日にはすばらしい眺望が楽しめました。

森の道では、さまざまなベリーや木の実、キノコなど、ゆたかな滋養に恵まれました。

とにかく、あなたは歩き続けました。

もとい、「歩き続けることができました」。

なぜ、歩き続けることができたのでしょうか。

つらい苦しい道のり、怖くて不可解な旅路に、どうして歩を止めてしまうことなく、歩き続けてこられたのでしょうか。

引き返すのはもはや、不可能だったのかもしれません。

「やむを得ず」「なりゆきで」歩いてきた人も、少なくないでしょう。

ですが「あと戻り」ができなかったとしても、「立ち止まる」ことはできたはずです。

多くの困難を前にして、あなたが立ち止まらなかったのは、なぜなのでしょうか。

それはおそらく、「道があった」からです。

道はいつも探せば、あなたの足元から先へと延びていました。

多くの人が踏み固めてきた山道。草のない、森を縦横に貫く道。

ときには、どこが道なのか、わかりにくいところもあったかもしれません。

逆に、石や木でしっかり整備され、歩きやすいところもあったでしょう。

どんな道であれ、道がありさえすれば、先に進めるのです。


この道がどこに続いているのか、わからないこともあったはずです。

なぜこの道を歩き出したのか、もう思い出せないかもしれません。

でも、足元から先へと、常に一本道が延びていました。

だからこそあなたは、その道がどんなに険しくても暗くても、歩を進め、歩き続け、今ようやく、踏破することができたのです。

・2021-2023年の風景

この2021年の始まりにあなたが立っているのは、険しい山道から続いた森の長い道の最後の場所、木々の切れる平坦な場所です。

山の出口、森の出口に、あなたは立っています。

暗がりから一歩外に出ると、そこには**広大な草原**が広がっています。

遠くに人家の赤い屋根がちらちら見えますが、それは別の方向にもあるようです。

足元にはもはや、道はありません。


道がなければ歩けないかというと、そうでもないのです。

というのも、この草原はとても平坦で、全体が歩きやすいのです。

視野も開けていて、自分が向かう先に何があるのか、遠くまで見通せます。


向こうには町らしき場所が、あちらには村らしき場所が、うっすらとその姿をあらわしています。

賑やかな場所もあれば、のどかな場所もありそうです。

近くにある場所に行くのもよし、最初から遠くに見える城を目指すもよし。

すべては、あなた次第なのです。

少し進んでみて、最初の中継地にたどり着いたとき、あなたは**「忘れ物」**のことを思い出します。

あのときは「これはもういらない」と思い、なかば意図的に忘れてきたのですが、この中継地に来て、それがどうしても必要なことがわかるのです。

あなたはいったん森のなかに引き返します。

しばらく歩いて、かつてひと休みしていた**小さな小屋**のなかに、忘れ物をめでたく、見つけることができます。

「忘れ物」とは、ここまでのことを記した日記、何通かの手紙、そして、小さな鏡でした。

いくつかの場所を通り抜けた先で、ひとつの**大きな門**《ゲート》に、あなたはたどり着きます。

その門の下には窓口のようなものがあって、あなたはいくつか、質問を受けます。

まずは、名前を聞かれるでしょう。

さらに、これから先どこに向かうのか、とか、なんの目的でこの門をくぐるのかを聞かれる人もいるはずです。

こうした場合はたいてい「ありのままを、正直に」答えるのが得策です。

でも、あなたはここで、「ありのまま」を答えるわけにはいきません。

といっても、相手を欺《あざむ》くわけでもありません。

実は、あなたはここで**「新しい名前」**を語ることになるはずなのです。

門にさしかかり、いろいろ質問されてから「新しい名前」を考える人もいるでしょう。数年前、山道を歩いていたときから、すでに考えていた名前があるかもしれません。

これまでの道のりを振り返って、自然に新しい名前が口をついて出る、という人もいるはずです。

さらには、あとからあなたを追いかけてきた人が、2008年からのあなたの道のりを讃え、**金色に輝くメダル**を手渡してくれます。

そのメダルに、あなたの新しい名前が刻印されているのかもしれません。

門をくぐると、あなたはその名前にしたがって、この**新しい世界**に根を下ろすことを目指すでしょう。

まずは居場所や生活の糧を得るために、どんどん歩き回り、必要なものを一つひとつ、手に入れていけるはずです。

「風景」の解説

２０２１年から２０２３年の牡羊座の人々が歩むのは、「集団から個人へ」「経験から再生へ」の道のりです。

具体的にたとえるならば、「学校を出たあとの、ひとりの自分」「会社を辞めたあとの、ひとりの自分」「生まれ育った故郷から飛び出したあとの、ひとりの自分」といったイメージです。

社会的な集団にしっかり所属しているとき、私たちは、自分のアイデンティティや人としての生き方に、ほとんど意識を向けません。同じような属性の人々が周囲にいれば、それが鏡のように自分自身のあり方を映し出しているので、安心してすごせるのです。

ですが、ひとたび制服を脱ぎ、クラスやオフィスから抜け出し、今までにない風景のなかにひとりで立って生きようとすると、とたんに「自分とは何か」という疑問が浮かび上がります。

「社会的所属」を抜け出すと、「あなたはどこから来ただれなのですか?」と問われます。同時に、自分でも「自分はどこのだれなのだろう?」と自問することになるのです。

人間は幼いころには、個人的な範囲に限定された世界に育ちますが、年齢を重ねるにつれて徐々に「外の世界」に出ていくことになります。

そんな「外の世界」に自分を投げ込み、そこで「生き抜く」ことがひとつのピークに達したのが、２０２０年でした。

特に、２０１５年ごろから２０２０年にかけては、「社会的な所属」を生ききった人が多かったはずなのです。会社や学校や地域コミュニティなど、さまざまな「集団」のなかで、成果を出し、ひとつのミッションをやり遂げて、２０２１年の入り口では、ホッとひと息ついている人が多いはずです。

そんな世界から抜け出して、２０２１年からのあなたは、「自由」のど真ん中に立つことになります。

「社会集団の一員」「他者のなかに生きる自分」としての生き方から段階的に自由になり、自分という個人の、新しい原点に立つことを目指すのです。

ひとりの人間、自分という個性。

これはもちろん、「生まれたままの、何も持たない自分に戻る」というようなことではありません。

そうではなく、これまでの「集団」の経験を持った、新しい「個としての自分」をつくりあげていけるのです。

2021年からのプロセスは、これまで集団に揉まれて成長してきた自分を、ひとつのサナギのような、あるいはるつぼのような時間に投げ込む作業と言えます。そして2023年ごろまでに、新たな個としての可能性を結晶のようにぎゅっと完成させる、その歩みなのです。

では、先の「風景」に見えたものを、ひとつずつ、ひもといていきましょう。

・山の道、森の道

２０２０年までの過去数年間、あなたは何かしら大きな目標を掲げ、それを目指してずっと歩き続けていたのではないでしょうか。

あるいは、社会的に大きな責任をどっしりと背負ってきたのかもしれません。

この「目標」「責任」は、ほかの言葉にも置き換えられます。

たとえば「野心」「夢」「社会的な立場・地位」などです。

これらは、あなたの仕事や恋愛、家庭の運営その他、「生きていく」ことのすべてに関係しています。

自分の力を周囲の人たちに示し、自分がみんなに対してできることを証明して、それを認めてもらいたい、という思いが、あなたを目標に向かって突き動かしていたのではないでしょうか。

さらに、「森の道、山の道」は、あなた自身が選んだ道である一方で、「他者によってつくられた道」でもあったかもしれません。

たとえば、会社組織で活躍していた人は、自分の目標は同時に、組織の目標でもあったはずです。

家族のためにがんばってきた人は、自分ひとりでその道を設定したのではなく、家族のニーズやライフステージに沿った選択をしてきたはずです。

会社組織の都合や、家族のライフステージなどの条件は、いわば「外部からの条件」で、あなたひとりの意志では変えることができません。

なかには、なかば強制された目標を見つめて歩いてきた人もいるかもしれません。

たとえば、「親の期待にこたえたい」という思いから、自分の本当のあこがれに目をつぶり、あえて親の願う進路を選ぶ学生がいます。そんなふうに、自分自身の思いとは少し違った目標を達成してきた人もいるかもしれません。

もちろん、自分の希望と周囲の期待がきちんと噛み合っていた人もいるでしょう。
でも、そうでもなかったという人もいるだろうと思うのです。

「山や森の道は、一本道で、人の足ですでに踏み固められている」
「道があるからこそ先に進めたのだ」

というたとえは、そのことをあらわしたものでした。

あなた自身が望んだ目標であれ、他者の期待に沿った目標であれ、それを「達成したい」という情熱は、本物でした。

「この世の中で、たしかな『生きる場』を得たい」
「自分の力で、何かを成し遂げてみたい」
「この世の中で、『何者か』になりたい」

「自分の力を示し、みんなに認めてもらいたい」

「人から必要とされ、尊敬され、信頼されたい」

「人に頼るのではなく、自分の力で生きてみたい」

などの願いを、多くの人が胸のなかに抱えています。

高い山の頂上を見上げるような、青空を見上げて、胸にあてた拳《こぶし》をぎゅっと握るような、そんな強い野心を、牡羊座の人々は特に、言語化しないかたちで胸に抱いているのです。

2020年までのなかで、そうした願いのいくつかは、なんらかのかたちで、叶えられたのではないでしょうか。

これが「山の道・森の道を踏破する」という比喩の意味するところです。

・草原をゆくこと

2021年が始まるとき、あなたが立っている場所にはもはや、「人がつくってくれた道」がありません。

「人がつくってくれた道」は、前述の通り、他人の期待や現実的な状況判断でできた選択肢、ということですが、もうひとつ、含意があります。

それは「だれかがすでに歩いたことがある道」ということです。


「ロールモデル」という言葉があります。

これからの人生の目標や生き方を考えるにあたり、自分が「こうなりたい」「マネしたい」と思えるような、現実的な「だれか」を見つける、という考え方です。

現実に存在する「先輩」「先達」がいれば、「どう生きるか」も、とてもイメージしやすくなります。


ですが、私たちの生きる時代は、文化も、価値観も、急激な変化を遂げています。

「この映画の表現は、昭和だったからゆるされたのであって、今ではとても受け入れられないですね」

というようなことがしばしば、言われます。

かつては「ブランド品を持つこと」がみんなのあこがれだったのに、今では「ミニマリスト」が注目を集めている、といったふうに、人々の一般的な価値観や意識が、今も劇的に変化し続けています。

たった数十年のなかでそのような変化が起こると、年上の人々の姿のなかに「ロールモデル」を見つけることは、なかなかむずかしくなってしまいます。

もとい、現代社会でなくとも、もっと古い時代においても、「より善く生きよう」とする人々は、自分たちの理想に当てはまるような「先達」「先輩」の姿を追いかけることを、しなかったのです。

2021年から牡羊座の人々が踏み出すのは、そうした世界です。

だれかがすでにやっていることを踏襲したり、すでに存在する正解を探したりすることは、もはや必要ないのです。

２０２１年以降のあなたの生き方は、かぎりなく自由です。

そこにはもう、道がないので、あなたが歩いたあとに、道ができていきます。

場合によっては、あなたが歩いた道を、あとからたどってくる人もいるかもしれません。

・遠く見はるかす、町や村

草原を見はるかして見えてくる「町や村」「お城」は、ここからあなたが描いていける夢の「選択肢」です。

これまでは山のなかの一本道だったので、その道が「どこに続いているか」については、あまり深く考える必要がなかった人もいると思うのです。

もといい、先の先まで夢を描きながらここまで来た人もいるでしょう。

でも、たとえば「小学校の次は中学校」というふうに、「その先」がある程度決まっているケースもよくあります。会社の営業成績とか、ひとつのプロジェクトを成功させるとか、子どもが小学校に上がるとか、「次のステップ」がある程度具体的・外的に決まっている場合は、それほど遠い未来のことを「今決めよう」という切迫感は出てきません。いわば「みんながやるようにやる」というフェーズが、人生ではけっこうあります。

2020年までの道のりには、「ひとまずこの道を歩いていけば、どこかに着くよ」という保証があったのです。

2021年からの風景には、そのような「一本道」が存在しません。学校なら成績を、企業なら売り上げを求めればよかったところが、ここからは何をやり遂げれば「達成」なのか、決まっていないのです。

「ここからはどこを目指してもいいよ、自由だよ」と言われたとき、多くの人が迷いを感じます。

「どこに行くべきか」を決めてくれる外的な条件がない以上、自分のなかに「動機・理由」を見いださなければならないからです。

実際「何がやりたいのかわからない」「どこに進むべきかわからない」ということを、大きな悩みとして感じている人が、世の中にはたくさんいます。

情熱的に目指せる夢があることは、それ自体、非常に幸福なことなのです。

２０２１年、草原のように広やかな場所に出たとき、すぐに「こっちに行こう！」と、行き先が決まる人もいるでしょう。

あるいは、双眼鏡のようなもので遠くにある町や村を見渡し、「ここがおもしろそうだな！」と感じるほうに、すいすい歩き出す人もいるかもしれません。

または「本当に行きたい方向が決まるまで、動かないぞ！」と、立ち止まる人もいるだろうと思います。

そんなふうに、２０２１年は、すでにやりたいことがある人はすぐに動き出せますが、やりたいことがわからない人にとっては、かなり「迷う」年となるかもしれません。

ですが、立ち止まって迷い始めた人も、やがては「目指すべき夢」に出会えるのが、２０２１年の特徴であり、力です。

なかには「やりたいこと」「目指す夢」ではなく、「素敵な仲間・友」に先に出会う人もいるでしょう。

素敵な人たちに出会って、「この人たちとずっとつきあっていきたいな」という気持ちがわき、彼らの夢をサポートし始めたとき、やがてその夢が自分自身の夢へと「育つ」といった展開が考えられるのです。

・忘れ物を取りに戻る、森の小屋

２０２１年は遠く見はるかす「未来の夢」に軸足が置かれますが、２０２２年ごろには少し「あと戻りする」プロセスが生じます。

過去を振り返ったり、経験のなかから知恵を掘り出したり、自分自身と対話して気持ちをたしかめたり、といった作業が必要になるでしょう。

星占いのマップでは、「未来」のあとになぜか「過去」が置かれています。そのあとに「スタートライン」が来るのです。

これは、未来への計画を立てて、実際にその未来に飛び込もうとする前に、かならず「過去と向き合う」「自分自身と向き合う」「終わらせておくべきことがある」ということなのだろうと思います。

ミヒャエル・エンデの『はてしない物語』は、映画『ネバーエンディング・ストーリー』の原作としても有名です。主人公はファンタージエンという、物語の世界に入っていくのですが、その世界から元の世界に戻る前に、「ファンタージエンで生み出した物語をすべて終わらせること」を要求されます。新しい場所に行くためには、それまでいた場所での物語をちゃんと終わらせなければならない、というルールは、私たちの生きる世界でもけっこう、当てはまるものかもしれません。

もちろん、私たちがこの世界を生きている以上、「物語を終わらせる」というのは、比喩にすぎません。だれの物語も、その人が生きているあいだは「終わる」ことはないからです。

でも、たとえば学校を卒業するときには「卒業式」や「卒業旅行」をしたり、だれかが集団を離れるときには「送別会」をしたりと、何かしら「終わり」の作業をすることはあります。

さらには、たとえばプロのアスリートがその世界を離れるとき「最後の試合」を設定するように、「やりきった」という儀式的なプロセスを必要とする人もいます。

こうしたわかりやすいことだけでなく、もっといろいろなかたちで、私たちは「新しい世界に進む前に、どうしてもやっておかなければならないこと」を選択したり、否応なくやらされたりするものなのだろうと思います。

「最後にどうしてもやっておかなければならないこと」は、少なからず私たちに「過去と向き合う」ことを要求します。

冒頭の「風景」のなかでは、これを「日記、手紙、鏡」と表現してみました。これまでにやってきたことの記録、人間関係の軌跡、そして、今の自分。

「過去と向き合う」ときは、たとえばそんな道具が必要になるのではないかと思うのです。

この3つの象徴的アイテムのうち、2021年から2023年を考える上でもっとも重要なのは、「日記の最初のページ」です。そのページにはおそらく、2008年から2010年くらいのなかで考えたことが書いてあると思います。

日記の最初のページには、「これからの抱負・叶えたい夢・目標」を書く人もいます。この日記にもおそらく、そうしたことが書かれているはずです。

2008年から2010年ごろにあなたが夢見たのは、どんなことだったでしょうか。

2023年ごろ、あのころ見た夢が、ひとつの現実的なかたちになりつつあるはずなのです。

・門《ゲート》、新しい名前

「門」は、２０２２年のなかばから後半、２０２３年前半という時間を指します。約12年間にわたる新しいストーリーの、ここが「ゲート」なのです。

星占いの世界では、「始まり」「スタートライン」は、「自分自身」「アイデンティティ」と同じ場所であつかわれます。

「ゲート」で「新しい名前」をたずねられるとは、そういうことです。

空港の入国審査ではパスポートを提示します。国内でも、引っ越せば役所で住民票を登録しなければなりません。

新しい世界に降り立つスタートラインでは、たいてい「名乗る」ことになります。

もちろんこれは、単なる比喩です。

でも、２０２２年から２０２３年の牡羊座の人々は、なんらかのかたちで自分の

「アイデンティティ」を刷新することになるだろうと思うのです。

均質性の高い国に生まれ育ち、そこにそのまま住んでいれば、自分が「何人《なにじん》か」を気にすることはほとんどありませんが、他国に降り立つと「あなたはどこから来ましたか」と聞かれ、「そうか、自分は日本人なのだな」などと実感することになります。

あるいは、多様なルーツを持っていて常に周囲になじめない悩みを抱いていた人は、自分と同じようにさまざまなルーツを持つ人の多い国にゆくと、はじめて解放感を得られる、ということもあります。

新しい場所に立つと、新しい「自己」を発見できるというのは、たとえば、そういうことです。

2022年から2023年、牡羊座の人々のすべてが「今までとは違う世界に入る」ということではもちろん、ないと思います。

それでも、なんらかのかたちで「自分」というものを新しいまなざしで見ることにはなるはずです。

たとえば、転職や独立、引っ越しはもちろん、結婚や出産を通してそうした経験をする人もいるでしょう。

パートナーを得ることや親になることは、一般に思われている以上に「社会的な変化」です。

アイデンティティががらっと変化しますし、みずから選択できることもたくさんあります。

・金メダル

２０２１年から２０２３年は、「過去から現在へ流れ込んでくるもの」がたくさんあります。

オリンピックの金メダルのようなメダルは、試合のすぐあとに授与されます。でも、たとえば「文化勲章」のようなものは、長い年月を経て積み重ねられた成果に対して贈られるものです。

特に２０２２年から２０２３年のあなたが手に入れる名誉や宝物は、「長い年月の積み重ねに対して贈られる」ものであるようです。

あるいはそれは「鶴の恩返し」や「かさこ地蔵」のように、ずっと前にだれかにしてあげたことへの、「恩返し」なのかもしれません。

・新しい世界

ここから住む世界は、10年、20年、30年というスパンで「根を下ろす」ことのできる世界です。

とはいえ、最初の段階では、居場所がすぐには定まらない、という可能性もあります。

たとえば、ある場所への赴任が決まったけれども、まずはホテル住まいをしながら賃貸アパートを探し、アパートにしばらく住みながらお金を貯めて、最終的にいい場所を見つけて家を建てる、といった段階を踏むようなイメージです。

最初はまず、当面の生活のかたちをつくっていかなければなりません。

過去10年ほどとはまったく違った生活スタイルをここでつくりあげる人もいるでしょう。

物質的な生活環境も、がらっと変わる可能性があります。だれとどこに住み、何を使って、どんなかたちで時間を使って生きていくか。そうしたことを根本的に変えてしまう人もいるかもしれません。

自分の成長に合わせて、靴や服のサイズのように、生活のかたちも変わるものです。

まるで新しい「生き方」を、ここでは特に、物理的に創造していくことができるはずなのです。目で見えるかたちで「生き方」を描いていくことができる時期です。

第2章

1年ごとのメモ

2021年——未来のヴィジョン

小学6年生の冬、卒業式を前にして、大きな絵を描かされました。体育館の後ろの壁いっぱいに、みんなで貼り絵をしたのです。下絵の案はみんなで考えましたが、テーマは先生から与えられました。絵のテーマは「私たちの未来」でした。

未来社会の「私たちの住む街」には当然、大人になった自分たちの姿が描かれます。といっても、私はベビーブーム世代でしたので、一人ひとりの姿を個別に描くわけにはいきませんでしたが、精一杯、自分たちの未来の姿を想像したように記憶しています。

絵のなかには、空を飛ぶ車や不思議なファッションなど、「未来予想図」が描かれる一方で、夢の職業に就いた姿、お城やロケットなど、ありとあらゆる「未来のヴィジョン」が詰め込まれていました。

・「ヴィジョン」の年

牡羊座の2021年は、そんな「未来のヴィジョン」を描く年です。

そこには、前述の「小学生の夢の絵」と重なる点があります。

それは、この「夢・ヴィジョン」が、すぐさま実現するわけではない、という点です。

小学校を卒業したら、次は中学生です。大人になって夢を叶えるまでには、まだまだやることがあります。

それでも、ここで夢を描いておくことには、だいじな意味があります。

ヴィジョンを描くことを通して「自分には未来がある」ということを、強く意識に上らせることができるからです。

もちろん、２０２１年のあなたの「ヴィジョン」は、小学生の描くそれよりも、ずっとリアルで、もっと近い未来を描いています。

ここで「ヴィジョン」を描くことで、２０２２年から何をすればよいかが明確になります。

まずは行きたい場所が決まらなければ、ルートも、移動手段も、用意すべきアイテムも決まらないのです。

「こんな未来にたどり着きたい」という思いが生まれてはじめて、「次のアクション」を決定できるのです。

2021年、古巣から外に出る人も少なくないはずです。長いあいだの勤務先から「卒業」したり、転勤したり、介護や育児が一段落したり、引っ越したりと、今までいた世界の外側に出ることになる人が多そうなのです。

ですが、ひとつの世界を出たら、「次に立つべき場所」を考えなければなりません。「次の場所」がすぐに見つかる人もいれば、「とりあえず」でワンクッション、ツークッション置くことになる人もいるだろうと思います。

2021年はさまざまな流れのなかで、「次の場所」を夢見ることができます。そして、夢にふさわしい場所を探し始めることができる時期でもあります。この2021年の「夢・ヴィジョン」は、2023年ごろから現実となります。

・「仲間」と出会う年

2021年は「仲間・友と出会う」年です。

この先いっしょにやっていけるだれか、ずっと長くつきあっていけるだれかに出会えます。

あるいは、すでに出会っている人たちとの関係が、「知り合い」「関係者」から「仲間」「親友」へと進展していくのかもしれません。

この時期の「出会い」は、どちらかといえば、一対一で真正面から出くわすようなイメージではありません。

もちろん、いわば「お見合い」のような一対一のかたちもあるかもしれませんが、それよりも、ある「集まり」のなかに身を置くことで、一群の出会いが生じ、そのなかからさらに特別な一対一のつながりが育っていく、といった展開になりそうなのです。

学校のクラスや部活、職場、趣味のサークルやオフ会、子育ての仲間、地域の活動、イベントや勉強会など、私たちは個人として、いろいろな場に身を置きます。

そのなかから、価値観や未来を共有できる「その人」が見つかるのは、すばらしいことです。

この時期に出会える仲間や友だちには、いくつかの特徴もありそうです。

それは、この先長く、長期的につきあっていけること。そして、もしかすると年齢や社会的立場が、まったく違っていることです。

おたがいに「差」があるからこそ、教え合えることがあります。

じっくり距離を縮めた相手とは、その後も時間をかけてつきあっていけます。

この時期はひょっとすると、「出会ってすぐに意気投合！」といった展開より、おたがいにおっかなびっくり、少しずつ近づいていくような展開になりやすいかもしれません。

思うに、年齢が近かったり、同じような仕事をしていたりする「似た人」とは、すぐに仲良くなれますが、相手について簡単に理解できることが多く、「謎」はそれほど見つかりません。

その点、年齢や立場、バックグラウンドなどが大きく違う相手は、仲良くなるのに手間がかかるぶん、想像もつかない面をたくさん持っていて、刺激的です。

「自分と違った相手」と親しくなるには、自分自身の人間としての成熟度合いが問われるものなのかもしれません。

あなたがこれまで遂げてきた人間的成長が、ここで「自分とはまったく違った人」との交流を可能にするのだろうと思います。

・将来的な「経済的自由」への道

「自由」は、人によってさまざまです。

たとえば、家族旅行を「伸び伸びできて自由に振る舞える」と思う人もいれば、「ひとり旅がいちばん」という人、「恋人や友だちと行くのがいちばんリラックスして好きなように楽しめる」という人もいます。

その人にとって、何が「心の制約」「行動の制約」になるかは、その人自身にしかわからないものなのです。

さらに、たとえば「長いあいだ牢獄に入っていた囚人が、いざ釈放されてみて、不安におちいる」ということもあります。

長く縛られているとその状態に慣れ親しんでしまい、縛られていない状況を不快に感じてしまうのです。

でも、解放されてしばらく経つと、だんだんに「自由」に慣れ、新しい「自由」を自分のものにすることができます。

2021年の「未来のヴィジョン」には、あなたの「経済的自由」という条件が色濃く含まれています。

この「経済的自由」が意味するのが具体的にはどんな内容なのか、それは前述の通り、人によります。

たとえば「ミニマリスト」のように、モノやお金に縛られない生き方を「経済的に自由な生き方」だと感じる人もいます。一方で、「お金で買える自由もある」と言う人もいます。

いずれにせよ、この時期のあなたの「未来のヴィジョン」は、ただ「やりたいこと」「行きたい場所」を描くようなことだけにとどまらず、どうしたら経済的な条件に制約を受けることなく、心から伸び伸びと生きられるか、という要素を色濃く含んでいるのです。

家族やパートナーの経済力に頼らない生き方を目指す人もいるでしょう。「タンスの肥やし」を整理して身軽になる人もいるでしょう。しばらくバックパッカーとして生きる、という人もいるかもしれません。多くのお金を稼いで、「費用を考えずに人生の選択をしたい」と望む人もいます。ある大きな夢のために資金を貯めるという人、クラウドファンディングのような道を模索する人もいるでしょう。

現代社会には、さまざまな生き方の選択肢があります。

この時期は特に経済面で、未来の新しい選択肢が見えてくるようです。

・出会いを呼ぶ、学びと旅

何かを見つけたい、出会いたい、新しい扉を開きたい、と感じたら、すぐに旅の計画を立てたいときです。

遠出した先に「外界への扉」が見つかるのが、この2021年なのです。

特に5月から6月は、外出の機会を増やしたいときです。

特に行きたいところがない、という人は、いろいろな人に「どんな場所がおすすめか」を聞いて回るのも一案です。

コミュニケーションもまた、この時期のだいじな「扉」だからです。

・11月からの「チャンス」

11月から2022年3月頭にかけて、素敵なチャンスをつかめそうです。

これは、2020年までにあなたが切りひらいたフィールドに咲く、美しい花です。

チャンスには、気合いを入れて挑むべきものと、得意分野で気軽に手を伸ばせるものとがあります。

この時期のチャンスは、後者の要素を含んでいます。

経験を活かし、持ち前の才能を活かして、きらめく成果を上げられます。

この成果は、あなたの「未来のヴィジョン」に新しい要素を加えてくれそうです。

たとえば、この時期のあなたの活躍を見ていた人が、少しあとで「いっしょに活動しませんか？」と声をかけてくれる、といった展開も期待できます。

もし、この時期のあなたが悩みを抱えたなら、「楽しむ気持ち」が足りないのが原因かもしれません。

物事をあまり窮屈にとらえず、好きなもののほうへ、楽しいことのほうへ向かっていくと、結果的に周囲の人々にも、多くの喜びを広げることができるようです。

２０２２年——過去、自分の弱さ

お鍋のなかに過去と未来を入れ、ぐるぐるかき混ぜるような年です。経験のなかから未来が生まれ、未来への希望が過去の記憶を召喚します。「何がしたいのか」は、「何をしてきたか」という土壌から芽を吹きます。２０２１年に未来のヴィジョンを描いたその先の２０２２年、あなたは、「未来に飛び込む前に、ぜひともやっておかなければならないこと」に着手するはずなのです。

・棚上げしてきたこと

ここでしなければならないことは、「ここまでにたどってきた道」によって決まっています。

「棚に上げてきたこと」は、人それぞれです。

忘れ物を取りに戻る人、目を背けてきたことに向き合う人、聞きそびれていた話を聞きにいく人、背後を振り返る人、一度やったことをもう一度やり直す人もいるはずです。

ここで起こることは、本当にバラエティに富んでいて、さらに言えば「他人の常識的意見」がまったく参考にならないでしょう。

一方、「似たような経験をした人の話」「人の失敗談」などは、参考になるものもあるかもしれません。

それでも、それらは「参考」止まりです。

人の意見や教科書のなかには、ヒントはあっても、「正解」は見つかりません。

ここでは、あなた自身が独自の答えを出すしかないのです。

・「お風呂に入る」ようなこと

といっても、2022年は「悪いことやイヤなことが起こる」わけではありません。

もちろん「やるべき宿題をあとまわしにしてきて、ようやくここで着手する」というようなことなら、ちょっと面倒くさい感じもあるかもしれませんが、それはあなた自身ずっとよくわかっていたことです。

さらに言えば、思いきって手を付けてしまえばそれほど面倒でもないのかもしれません。それに、宿題をやりきってしまうことで、想像以上に心が晴れやかになり、視界が明るくなるはずです。

ここで起こることは、たとえば「お風呂に入る」のに似ています。お風呂に入るのが面倒だな、と思えても、実際に入ってしまえばとても心地よいのです。入ったあとは、清々しい気持ちになります。風呂上がりに「風呂になんか入るんじゃなかった！」と後悔する人は、いないのです。

2022年、あなたはちょっと面倒でも、お風呂に入ります。

そして、心のなかにしこりのように固まっていた何かを、洗い流すことができます。

それは癒しであり、救いです。

新しい世界を目指す力を得るための、大切な「儀式」のようなものです。

・頼ること、頼られること

「人間の弱さを知る」ことも、この年のひとつのテーマです。

たいていは、自分自身の弱さに気づくことで、他者の弱さを受容できるようになります。ですがなかには、自分の弱さとは関係なく、人の弱さというものを理解できる人もいます。

いずれにせよ、人間の内面的な複雑さへの理解力が深まる時期なのです。

人に頼ったり、人に助けてもらったり、抱えてきた痛みを直視してそれを縫い合わせたり、癒しを求めたりすることになるかもしれません。

あるいは逆に、人から助けを求められて、求めにこたえるうち、だんだんと心が開かれ、あなた自身が癒され、ゆるされていく思いを得るのかもしれません。

助けられることによって助けることと、助けることで助けられることとは、本当によくある現象です。「助け」は、それが本当の「助け」になっている場合、双方向的な効果をもたらすのです。

この年の素敵なところは、あなたが助けを求めれば、助けてくれる人がちゃんとそこにいてくれることです。

2022年に出会った人が助けてくれる可能性もあります。あるいは、2021年に出会った仲間が、あなたを支えてくれるのかもしれません。または、もっとずっと過去のほうから、あなたの元にだれかが駆けつけてくれるのかもしれません。

あなた自身「何かに困っている」という自覚がなくとも、だれかがあなたの無意識の痛みを察知して、静かによりそってくれるかもしれません。

迷って立ち止まったとき、同じように立ち止まっている人と目が合い、そこに対話が生まれ、おたがいに助け合えるのかもしれません。

・「見ていてくれる人がいる」時期

２０２１年11月からの「チャンスの季節」が、２０２２年3月頭まで続いています。

力を発揮しやすい場に恵まれます。好きなことや得意なことに取り組んで、大きな成果を上げられそうです。

この期間の活動を通して、信頼できる人間関係が広がっていきます。「信頼関係」は、ある種の活動や時間を共にすることでしか強化できない部分がありますが、ここではそうした機会に大いに恵まれます。

特に、あなたが利害を超えてだれかを助けたことや、自分の弱さをさらけ出して成し遂げたことに、賞賛と信頼が集まるでしょう。

「がんばっていれば、きっと見ていてくれる人がいる」とは、よく言われます。このことは、現実に当てはまる場合もあれば、そうでない場合もあります。

ですが少なくともこの時期は、あなたががんばっていることを、ちゃんと見て、理解してくれる人に恵まれる可能性が高いようです。

目立つポジションにあるときはもちろん、「縁の下の力持ち」のような立場であっても、それを見ていてくれる人がいるはずです。

・学ぶこと、自分を知ること

8月下旬から2023年3月にかけては、熱いコミュニケーションが盛り上がります。たくさんの対話のなかで新しい自分を発見できる時期です。

この間、精力的に勉強に打ち込む人もいれば、旅に出る人もいるでしょう。

新しい知的刺激を求め、その延長線上で「自己を知る」ことができます。

他者と語り合い、人から学ぶ場に身を置いていても、どこか「自分自身との対話」が進んでいる感じがするはずです。

だれかと一対一で話しているときも、そこには「自分と、もうひとりの自分」が参加していて、いわば「計３人」で話が進んでいるのかもしれません。

学校に通ったり、セミナーやイベントに参加したり、カウンセリングを受けたりする人も多いでしょう。

なんらかの習い事をして、そのなかで新しい自分に出会う人もいそうです。

２０２３年――スタートの年

・約12年の物語の「スタート」

２０２３年は「スタート」の年です。

約12年の物語がここから、勢いよく始まります。

もといい、すでに２０２２年にスタートを切っている、という人もいるでしょう。

この「始まり」の段階をしっかり走りきるのが、２０２３年の最大のテーマのひとつです。

ほかのさまざまな占いの記事では、牡羊座の2022年から2023年前半を「幸運期」と表現しているものも少なくないはずです。

「幸運の星・木星」が約12年ぶりにあなたの星座に巡ってくるのですから、占い手としてはそう書きたくなるのも当然です。

でも、12年というロングスパンを司る大吉星・木星がくれる「幸運」は、たった1年くらいのちっぽけなものなのでしょうか。

私は（経験的にも）そうは思わないのです。

木星が報せてくれるのは、2023年の前半までに、「ここから12年をかけて育てていける幸福の種がまかれるよ！」ということだと、私は考えています。

つまり、このタイミングで渡されるのは、できあがった幸福自体ではなく、「幸福の種」なのです。

ここで食べてしまってそれで終わりのハッピーではなく、芽が出て花が咲き実を結び、その先まで繁栄していくかもしれない「幸福」の大もとを、この時期のあなたは受け取れるはずなのです。

これを育てていくことで、この先12年ほど、毎年さまざまの楽しい幸せを味わえるのです。

ゆえに私は、この木星が巡ってくる時期を「耕耘期」と呼んでいます。

12年分の幸福の種をまくために、あなたの可能性の畑を耕すような時期なのです。畑を耕して種をまいた段階では、そこはまるで「更地」です。

何もないように見えます。

実際、木星が巡ってきた年を「何もない年だった」と語る人もいるのです。

あるいは、長年いた場所を離れたり、人生の大きな転機を迎えたりと、文字通り

「まっさらな場所に立つ」人も少なくありません。
「まっさら」なのは、そこが耕され、種をまかれたばかりの畑だからです。

2022年から2023年の前半、牡羊座の人々は人生の大きなターニングポイントに立ちます。

ここでは、人生でそう何度も起こらないようなことが起こります。
引っ越し、転職、結婚や出産、家族構成の変化、身体的な変化など、何があってもおかしくありません。

人生において新しい章の幕が上がる、大きな節目なのです。

・「幸福の種」の、最初の果実

2023年前半までにまいた「幸福の種」は、案外すぐに芽を出します。
早ければ年内に、最初の花を咲かせ、実をつけてくれます。

2023年の夏から冬は、「獲得」の季節なのです。
平たく言えば「金運のよい時期」で、経済活動が大いに活性化するでしょう。
収入が増えたり、大きな、いい買い物ができたりする時期です。

今までよりもひと回り大きな財をあつかう、という人もいるはずです。管理し運用するお金のケタが変わります。小学生のおこづかいと高校生のおこづかいの違いのようなものです。成長にしたがって、あつかえるものの大きさが変わるのです。

さらに、この2023年後半にあなたが手に入れるものには、いくつかの特徴があるようです。

まず、「薬」が手に入るかもしれません。
たとえば文字通り、慢性的な不調に悩んでいた人が、それを解消するための薬に出会う、といったことが起こるかもしれません。

悩みを解消するための手だて、悪いクセをなおすための手段に出会えるかもしれません。

あるいは、「ずっと人任せにしていた車の運転を、自分で免許を取って、やってみる」といった変化も起こるかもしれません。自分で車を運転するようになって、生活スタイルが一変し、人生が変わる、というような展開も考えられます。

あるいは、「名誉」や「力」を手に入れる人もいるでしょう。

お金やモノなど、ある程度かたちのあるもの以外に、たとえば技術や、信頼や、人間関係や、なんらかの「実力」を得る人が少なくなさそうです。

自分のなかに眠っていた才能を発見する人もいるでしょう。

あるいは、すでにあらわれている才能に、ぴったりの活躍の場に出会う人もいるかもしれません。

時代の変化によって、「求められる才能」も変わっていきます。

突然、社会からの自分へのニーズを発見して、生き方ががらっと変わる、という人もいるだろうと思います。

・2008年ごろからの野心

2008年ごろから抱いてきた野心が、ここでひとつの「着地点」にたどり着きます。

野望がかたちを得て、ひとつの出口に至るのです。

過去を振り返ってみて、自分がずっと何を望み、結果として何を手に入れることができたのか、その物語を今なら、たどることができます。

これまで、あなたにとっての野心とは、なんだったでしょうか。

15年ほど前のあなたが望んだことと、今のあなたがかすかに望みつつあることとのあいだに、違いはあるでしょうか。

その「望みの差」は、あなたに多くのことを語るはずです。

・ひとりの時間

「孤独」は一般に、悪いものとされています。

ですが、ひとりですごす時間には、実は特別な「威力」が備わっています。私たちの魅力や、アイデアのゆたかさ、人間としての「深さ」、心の広やかさなどは、主に孤独な時間のなかで育つものなのです。

ひとりきりの空間で、自分自身との対話を重ねることがない人は、ただ他人の言葉を借りてきて、それを復唱することしかできません。

どんなに「インプット」をしても、それを着床させ、懐胎し、あたためる時間がなければ、本当の自分の考えは、生まれません。

「ひとりですごす」ことが得意な人もいれば、そうではない人もいます。

ひとりの自分とどう向き合い、自分の喜びをどのように生み出すかは、試行錯誤と経験を通して「体得」すべきテーマだとも言えます。

2023年から、牡羊座の人々は「ひとりの時間」を新しく創造することになります。

これは、2023年の牡羊座の人々が「孤独になる」「さみしくなる」といった意味ではありません。

そうではなく、「だれにも入れない、自分だけの世界」をつくることで、よりクリエイティブな人生の武器を手に入れる、ということなのです。

さらに言えば、ここでは「武器や防具を捨てる」ことができます。

常に他者がいることを想定している世界では決して手放せないものを、この時期から手放せるようになるのです。

新しい心の自由が生じ、身軽になれます。

前述の「人の弱さを知る」プロセスと、この時期以降あなたが経験することは、強く結びついています。

人は、ひとりでいると、とても弱くなるからです。

ゆえに、ひとりでいることを「強化する」と、今度は逆に、限りなく強くなります。

人間の強さと弱さは、実は、表裏一体です。

自分の弱さをよく知っている人ほど、強くなれます。

自分が強い、と思い込んでいる人は、驚くほど脆《もろ》いものを抱いてしまうのです。

この時期、強さと弱さのイメージが、あなたのなかで大きく変わるでしょう。

2022年にあなたが見つけた「人の弱さ」があり、2023年から2026年ごろにまたがっての「リハビリ」のようなプロセスがあります。

肉体同様、心も、一朝一夕に「強くなる」ものではありません。

ここから2年半ほどの時間をかけて、あなたの心は、しなやかでやわらかな強靱さを獲得していくことになるのです。

第3章

テーマ別の占い

愛について

2022年から2023年は、牡羊座の人々にとって、人生の「新しい章の幕開け」のような時期となっています。

ゆえに、愛についても「人生の新しい章」が始まっておかしくありません。

・愛を探している人

パートナーを探している人、「だれかといっしょに生きたい・人生を共有したい」と思っている人にとっては、その願いが叶う可能性が高いタイミングです。

おとぎ話の「白雪姫」や「シンデレラ」では、少し不思議な時間帯が設定されています。

白雪姫は王子に会う前に、毒リンゴを食べて仮死状態となります。シンデレラは王子様に出会ってから、一度家に帰り、王子様が探し出してくれるのを待つことになります。あるいは彼女は「待っていた」わけではなく、一瞬の夢のような思い出を胸に、あこがれをあきらめようとしていたのかもしれません。

いずれにせよ、パートナーと晴れて思いを交わす直前に、ピタリと動きを止め、無意識の世界や「何もない日常」に入り込むのです。

「眠れる森の美女」では、それはもっと顕著にあらわれています。オーロラ姫は王子に会うまで、閉ざされた城で長い眠りを余儀なくされるのです。

あるドラマがあって、そこから「仮死状態」「ドラマが進展を一時停止した状態」

に入り込み、そのあとでパートナーに呼び覚まされるのですが、なぜそんなモラトリアムな時間が必要となるのでしょうか。

私たちは人生において、夢を見て、人生を自分のものとするためにみずから一歩踏み出します。

でも、その先には私たちの想像を超えた「未知の世界」が広がっています。出会ったものから衝撃を受け、それに立ち向かうために何が必要なのか、私たちは深く考えなければなりません。同時に、自分は何者なのか、生きるとはどういうことなのか、そのときどきの自分なりに見つけ出さなければなりません。それをしないうちは、成熟したひとりの人間として、人を愛することができないのです。

２０２１年から２０２３年、あなたはたとえば、こんな愛のストーリーをたどることになるのかもしれません。

２０２１年ごろ、あなたはだれかに出会います。あるいは、人生の新しい夢を見つけ出すのかもしれません。白雪姫が城を出たように、シンデレラが舞踏会のうわさを耳にしたように、新しい未来を発見するのです。

その先にある２０２２年ごろ、あなたは精神の深い場所まで降りていき、人を愛するための新しい力を獲得します。成熟した、広やかな人間的力を手に入れます。そしてこの力をもって、２０２３年ごろ、「その人」と新しい愛の関係を取り結ぶことになるのです。

もちろん、この展開は牡羊座のすべての人に当てはまるわけではないでしょう。ですが、まずは希望とあこがれが生まれ、次に精神的な深まりがあって、さらにその先に、新しい愛のスタートを切る、という展開は、ある程度、フィットするところがあるのではないかと思います。

・パートナーがいる人

すでにパートナーがいる人は、おたがいの信頼関係が大きく育つときです。

どのように協力するか、どのように犠牲を払うか、ということについて、考え方ががらっと変わる場面もあるかもしれません。

すでにできあがっている役割分担に、本質的な変化が加わります。

これまではとても合理的だと思えていたフォーメーションが、「今はそうでもないかもしれない」と思える瞬間がやってくるかもしれません。

そこから、ダイナミックな関係性の変化が始まります。


たとえば、子育て中の人がパートナーや子どもたちに、「なんの趣味もないので、バレーボールのサークルに参加したい」と言ったら、そこから家族全員の生活スタイルが少なからず変わった、というお話を聞いたことがあります。

パートナーと子どもたちはそれまで、この人が趣味を持ちたいという気持ち、スポーツをしたいという気持ちを抱いていたことを、まったく知らなかったそうです。自分からやりたいことを主張し、周囲に協力を求めたとき、単に「協力してもらえる」という状況変化にとどまらず、ひとりの人間としての新しい側面を理解してもらうことができた、とその人は言いました。役割ではなく、個性を持った個人として、新たな愛の関係を考えることになったのだそうです。

２０２１年から２０２３年は、あなたが個人として大きく成長し、脱皮する時期となっています。

やりたいことができたり、新しい生活スタイルを導入したりと、あなた自身が大きな自己変革を経験するなかでは、パートナーとの関係も当然、変わらざるを得ません。

あなたの成長を相手が理解できない場合は、苦労する場面もあるかもしれません。

一方、あなたの成長を喜び、みずからも成長を志してくれるパートナーならば、愛も一層大きなスケールのものへと、自然に成長していくでしょう。

・愛に悩んでいる人

愛の悩みを抱えている人は、相手の変化ではなく、自分自身の変化が突破口となるかもしれません。

この時期のあなたはとにかく、急激な成長を遂げるので、2020年まで愛の深い闇を抱えていたとしても、2023年ごろには、その悩みの内容自体が変わってしまうはずなのです。

かつてどうしても必要だと思ったものが、もういらないと思えるようになるかもしれません。

絶対に離れられないと思ったものを、自然に手放せるようになるかもしれません。

愛が得られずに苦しんでいる人も、変革の果てに愛に触れられるでしょう。

２０２１年は自分の弱さを認められるようになります。するると、人の弱さを受け入れる強さが生まれます。これは、愛への大きな入り口です。

２０２２年から２０２３年は「変身」の年です。セルフイメージやファッションなどのスタイルが激変するときで、愛のあり方も大きく変化するでしょう。

・愛の季節

愛に強い追い風が吹く時期は、２０２１年6月中旬から11月頭、２０２２年5月、9月末から10月、２０２３年2月末から3月なかば、そしてもっとも大きく盛り上がるのが、２０２３年5月下旬から10月上旬です。

２０２３年はさまざまなかたちで、愛のドラマが急展開する可能性の高い年です。

愛を探している人、愛を変革したい人は、２０２２年の年末から２０２３年３月にかけて、特にガンガン外に出て、多くの人とコミュニケーションを取り、積極的に学んで、自分の心に「外の風を入れる」ことがポイントです。

仕事、勉強、お金について

・仕事について

2020年までに、あなたのキャリアはひとつの到達点に達したはずです。ゆえに2021年からは、「次に目指す場所」を模索することになります。ひとつの目標を達成したら、次の目標が必要です。

なぜなら、牡羊座の人々は、いつも「何かを目指していること」に喜びを感じるからです。もとい、「何も目指していない状態」に激しい不安を感じる人々である、と言ったほうが正しいかもしれません。

星占いは「12星座」を基盤にしています。

ゆえに「約12年」という時間が、ひとつのサイクルとなっています。

これを3年ずつ4分割して、「起・承・転・結」を割り当ててみると、２０１７年から２０１９年が「転」、２０２０年から２０２２年が「結」、２０２３年から２０２５年が次の「起」となります。

つまり、２０２１年から２０２３年は、「結から起へ」「12年のサイクルの、終わりから始まりへ」の時間となっているのです。

２０２０年までに成し遂げたことがあって、その先に「新しい約12年の物語」が置かれています。

２０２３年以降の12年で何を成し遂げたいか、その夢や目標を、２０２１年から２０２２年のなかで見いだす人が多いはずです。

夢や目標は「描く」ものでもありますが、同時に「出会う」ものでもあります。この時期、新しい夢や目標と、衝撃的な出会いを果たす人もいるでしょう。また、だれかとの出会いがきっかけとなって、その人の目指す夢を共有することになる人もいるはずです。

さらに長いスパンで考えることもできます。

というのも、２００８年ごろから、あなたのキャリアはとても大きな山場にさしかかっていました。

人生全体を通しての「野心」に燃料が注がれ続け、燃え上がり続けた時間だったのです。この「野心の燃え続ける時間」の出口が、２０２３年ごろから見え始めます。すなわち、あなたの社会的立場やキャリアに関して、２００８年からの野望の冒険が２０２３年、ひとつの着地点に至るのです。

あのころ願い始めたことは、叶ったでしょうか。

過去15年ほどのなかで、あなたは何を目指し、何に情熱を感じ、何に嫉妬してきたでしょうか。

焼き払われたものもあれば、意外なかたちで叶った夢もあるはずです。充たされた欲と、手放した欲があっただろうと思います。

もし「まだ足りないもの」があって、あなたがそれを渇望しているなら、2021年から2023年のなかで、それを獲得できるかもしれません。

この3年のなかで、仕事にチャンスが巡ってきやすいのは、2021年11月から2022年3月前半、2022年12月から2023年2月頭です。

・勉強について

2021年は「仲間と学ぶ」「世の中や未来について学ぶ」「フィールドワーク」

のようなことにスポットライトが当たります。

広やかに開かれ、世界と自分のつながりをたしかめ、社会に働きかけるための力をつけるような学びの季節です。

自分個人の人生や利益のためでなく、「この社会に参加していく」という観点から、学びのテーマを見つけられます。

今学生で、これから進路を考えるという人は、自分の適性もさることながら、この時期は「世の中で今、何が必要とされているのか」ということを調べるほうが、道を見つけやすいかもしれません。

2022年は「経験から学ぶ」「記憶を咀嚼《そしゃく》する」「復習する」「旅に出る」ような学びが展開しそうです。

ここではどちらかと言えば「ひとりで学ぶ」プロセスが展開します。

ただし、8月下旬から2023年3月は、コミュニケーションが即、知的刺激となってあなたを育ててくれるでしょう。熱い議論が知的成長のカギとなる気配もあります。

「旅」はいつでも、いくつになっても、多くのことを教えてくれます。「何かを学ぼう」という動機で出かけた旅ではなくとも、旅に出ればかならず、世界観に変化が生じ、新しい自分に出会うことができるのです。この時期は熱い旅があなたを大きく変えてくれるでしょう。

そして２０２２年夏から２０２３年前半は、「自分を変える学び」「価値観が大きく変わる学び」の時間となります。未知の世界に足を踏み入れる人、研究や取材活動に没頭する人もいるでしょう。

新しい仕事を得て、その仕事について精力的に学ぶ人もいるかもしれません。

・お金について

2019年からの「経済的自由を目指す」動きは、この3年も続いていきます。特にその流れに強い勢いが出るのは2021年です。

未来のために何が必要か、どのように稼げば自由に生きられるのか、ということを、ややこしい前提を抜きにして考えることができます。

これまで、お金に関するしがらみや制約があってできなかったことが、2021年以降、できるようになるかもしれません。

たとえば、新しい社会制度やシステムなどを利用することで、あなたの望む活動において、かつての経済的な制約が取り払われる可能性もあります。

2023年夏以降は、平たく言って「金運が最高の時期」となります。

ほしいものが手に入りますし、「手に職をつける」ようなことも可能です。

持って生まれたあなたの才能と、世の中からのニーズとが、がっしり結びつくでしょう。

この時期、大きな買い物をする人も少なくないはずです。

住処、生活について

家族や住まいは、基本的には「閉じた世界」です。

外界から身を守るための世界なので、閉じている必要があります。

ですが、そこは同時に「開かれる」部分もなければなりません。

窓や扉がちゃんと備わっていて、内側からはもちろん、必要なときは外側からも、開くべきときに開かなければなりません。

でないと、なかに閉じ込められたような状態になり、窒息してしまいます。

外界との風通しをよくし、なかにいる人が自由な状態に置かれなければ、「閉じた世界」にはだんだん矛盾や澱《おり》が溜まり、病的な状態になってしまいます。

２０２１年から２０２２年は、どちらかと言えば、居場所や家族が「外側に向かって開かれる」ことを意識することになりそうです。

家庭や家族、自分が住む場所が「自分たちだけのためのもの」ではなく、それ自体が大きな社会の一部であることを認識させられるでしょう。

友だちや「お客様」が訪ねて来たり、ホームステイを受け入れたり、家事代行サービスや介護サービスなどを利用したりと、日常のなかに「他者」が入り込んでくる可能性もあります。「家族ぐるみのつきあい」で、いくつかの家庭との交流が密になるのかもしれません。

こうした、外界から内部への介入は、そこに住む人々の視野を大きく広げます。

居場所は、人の心と強く結びついています。家に他者が入ってくることは、心のなかに外気が流れ込んでくることを意味します。

その一方で「ひとりでいられる空間・時間」がほしくなる時期です。

大人になって家庭を持つと、家のなかに寝室以外の「自室」を持たない、という人も少なくありません。あるいはひとり暮らしであっても、自分の部屋が「ただ寝に帰るためだけの場所」となっていて、物置のようでまったくくつろげない、という人もたくさんいます。

一方で、工夫して「納戸」を「書斎」に変えたり、デッドスペースにデスクをつくったりする人もいます。

この時期は自分のための「スペース」を確保することを考える人が多いでしょう。

仕事のための自分、家族のための自分、という認識から一歩抜け出して、「自分としての自分」をつくるための時空が必要になるのです。

これはもちろん、日々の役割を放棄するということではありません。そうではなく、いわば「もうひとつの顔を持つ・強化する」ということです。

前述の通り、「居場所」の風景は、「心」の風景です。

自分だけのためのスペースを確保して、そこで一定時間をすごすとき、心のなかにも自分のためだけのエリアができあがり、そこにワンダーランドが育ち始めるのです。

家族との関係は、散歩や食事を共にし、会話を重ねることで良好な変化が望めそうです。

こう書くと当たり前のようですが、２０２１年から２０２２年は主に「近所に出かける」こと、２０２３年は主に「食事を重視する」ことがポイントとなります。

また、2023年は「お金の使い方・配分」が、家族内での一大テーマとなるかもしれません。

家計をどのように管理するか、なんのためにお金を貯めるか、みんなにいくらずつおこづかいが行きわたるのか、等々、話し合いの上で新しいシステムを構築する必要があります。

家族は一人ひとりが独立したひとりの人間ですが、家族という集団としての目標や意志も必要です。この時期は特に、物質的な面から、そうした目標について深く考えることもできるはずです。

引っ越しなど、居場所の変動が起こりやすいのは、2021年3月から6月上旬、2022年8月下旬から2023年6月頭です。

家族との関係があたたかなものになるのは、2021年6月、2022年7月なかばから8月なかば、2023年5月から6月頭です。

夢、旅、楽しみについて

・夢

2021年は特に、将来の夢・ヴィジョンを描く年となっています。また、2023年までの3年全体が、その夢を詳細に、できるだけ具体的に描き込んでいく時間となっている、とも言えます。

2021年に、大風呂敷を広げるように描いた夢を、2022年から2023年のはじめには、こまかくブレイクダウンしていくことになるかもしれません。

2023年中盤以降は、その夢を実現するために、じわじわと動き出すことになります。

・旅

星占いの世界には、大まかに言って3種類の「旅」があります。ひとつは身近な場所へのショートトリップ、取材旅行のようなものです。もうひとつは遠い聖地への巡礼や未知なる場所への冒険旅行です。そして3つ目は、心の奥底に降りてゆくような旅、記憶のなかの謎をたどり直すような旅、ひとりの人間としての問題を解決するための旅、薬や癒しを求めてさまようような旅です。

2021年から2023年の牡羊座の人々の旅は、3つ目の要素を色濃く含んでいます。たとえ観光のための気軽な旅でも、1泊2日の温泉旅行でも、あなたの心はどこか、自分の物語のいちばん深いところへといざなわれ、神秘的な体験をすることになるでしょう。

さらに、2022年の夏から2023年の春にかけては、精力的な学びの旅に出かける人が少なくないはずです。これは「引っ越し」のような移動となるかもしれませんが、いずれにせよ、あなたの知性を刺激し、行動範囲を広げてくれるような旅となりそうです。

・楽しみ、遊び

2022年から2023年は、あなた自身が飛躍的な成長を遂げる時期となっています。

ゆえに、楽しいと思えることも、いっしょに遊ぶ仲間も、大きく変わっていく可能性があります。

子どもは成長するにつれて、その遊びの内容も変わっていきますが、大人になっても同じことです。精神的な成長にしたがって、楽しいことが変わるわけですが、

２０２１年から２０２３年はその変化の振り幅が非常に大きいのです。

特に２０２３年なかば以降は、手芸やアートなど、自分の手で何かを生み出すことを趣味とする人も少なくなさそうです。

２０２１年６月なかばから７月、そして２０２３年５月なかばから10月上旬にかけて、何もかも忘れてめちゃくちゃに遊ぶ！という大胆なことが可能になるかもしれません。

特に２０２３年の「遊び」は、ナカミが濃く、その後もずっと楽しんでいけるテーマを含んでいるようです。

「遊び」は本来、とてもクリエイティブな営為で、頭を使い、労力も必要になる活動です。「遊び方を忘れてしまった」という人も多い現代社会ですが、このふたつの期間に、素敵な「遊び方」を思い出し、さらに更新していくことができそうです。

自分、人間関係について

「自分」は、実にさまざまなものでできています。
2021年から2023年は、牡羊座の人々にとって、「自分」というものをあらゆる角度から検討できる時間となっています。

仲間や友だちのなかにいる自分。
過去の経験によってつくられてきた自分。
何ものにもとらわれず、自由な、可能性そのもののような自分。

自分が好きなもの。愛するもの。

持って生まれた才能。


こうした「自分をつくっている条件」は、不変のものではありません。

もちろん「持って生まれた才能」などは、そう簡単に変わるものではありませんが、時代や環境の変化によっては、その使い道やあらわれ方が大きく変わることもあります。

友だちづきあいや経験、好きなものなどは、いくらでも変化の余地があります。

2021年から2023年は、たとえば新しい仲間とつきあうことによって、自分自身の「友としてのあり方」が変わり、そこからアイデンティティに変化が起こる、といった展開が起こりやすいはずです。

「自分はだれなのか」「どんな人間なのか」「どんなふうに生きていけるのか」を、こうした変化のなかで、新たに発見していける3年となるでしょう。

第4章

3年間の星の動き

2021年から2023年の「星の動き」

星占いにおける「星」は、「時計の針」です。時計の中心には地球があります。そして「時計の文字盤」である12星座を、「時計の針」である太陽系の星々、すなわち太陽、月、7個の惑星（地球は除く）と冥王星（準惑星）が進んでいくのです。

ふつうの時計に長針や短針、秒針があるように、星の時計の「針」である星たちも、いろいろな速さで進みます。

星の時計でいちばん速く動く針は、月です。月は1カ月弱で、星の時計の文字盤である12星座をひと巡りします。ですから、毎日の占いを読むには大変便利ですが、本書であつかう「3年」といった長い時間を読むには不便です。

年単位の占いをするときまず、注目する星は、木星です。木星はひとつの星座に1年ほど滞在し、12星座を約12年で回ってくれるので、年間占いをするのには大変便利です。

さらに、ひとつの星座に約2年半滞在する土星も、役に立ちます。土星はおよそ29年ほどで12星座を巡ります。

もっと長い「時代」を読むときには、天王星・海王星・冥王星を持ち出します。

占いの場でよく用いられる「運勢」という言葉は、なかなかあつかいのむずかしい言葉です。

「今は、運勢がいいときですか？」

「来年の運勢はどうですか？」

という問いは、時間が「幸運」と「不運」の2色に色分けされているようなイメージから生まれるのだろうと思います。


でも、少なくとも「星の時間」は、もっとカラフルです。

木星、土星、天王星、海王星、冥王星という星々がそれぞれカラーを持っていて、さらにそれらが「空のどこにあるか」でも、色味が変わってきます。

それらは交わり、融け合い、ときにはストライプになったり、チェックになったりして、私たちの生活を彩っています。

決して「幸運・不運」の2色だけの、モノクロの単純な風景ではないのです。

本書の冒頭からお話ししてきた内容は、まさにこれらの星を読んだものですが、本章では、木星・土星・天王星・海王星・冥王星の動きから「どのように星を読んだのか」を解説してみたいと思います。

木星：1年ほど続く「拡大と成長」のテーマ
土星：2年半ほど続く「努力と研鑽」のテーマ
天王星：6〜7年ほどにわたる「自由への改革」のプロセス
海王星：10年以上にわたる「理想と夢、名誉」のあり方
冥王星：さらにロングスパンでの「力、破壊と再生」の体験

ちなみに、「3年」を考える上でもっとも便利な単位のサイクルを刻む木星と土星については、巻末に図を掲載しました。過去と未来を約12年単位、あるいは約30年単位で見渡したいようなとき、この図がご参考になるはずです。

・木星と土星の「大会合」

２０２１年に入る直前の２０２０年12月22日、木星と土星が空で大接近する現象「グレート・コンジャンクション（大会合）」が起こりました。冬の夕空に明るい２星が近づく美しい光景を、多くの人が目にしたはずです。

この大会合は約20年ごとに起こる現象で、星占いの上でも「新時代の幕開け」の象徴として、大注目されていました。

本書であつかう２０２１年からの「３年」という時間は、まさにこの「グレート・コンジャンクション」を起点にしていると言っても過言ではありません。

つまり本書の「３年」のスタートである２０２１年、木星と土星は同じ場所に位置していたのです。牡羊座から見て、そこは「仲間、夢、未来」を象徴する場所でした。２０２１年が「ヴィジョン」の時間であることがご納得いただけると思います。

通常、木星だけが「仲間、夢、未来の部屋」に位置していても、じゅうぶん「ヴィジョンの年」なのです。

なのに２０２１年は土星も同座していることで、より大きなスケールの「ヴィジョン」を描く年と読めます。よりロングスパンの、よりスケールの大きな夢を描く時期、と言えるわけです。

実は木星は、この位置では足を速めます。

通常は１星座に１年ほど滞在するのですが、牡羊座から見て「仲間、夢、未来の部屋」、「過去、秘密の部屋」「自分自身、スタートの部屋」を渡っていくとき、通常よりもスピードが上がり、数カ月刻みに行き来することになります。

２０２１年初夏、木星はすでに「過去、秘密の部屋」に足を踏み入れます。そして２０２２年５月には、牡羊座、つまり牡羊座の人にとっては「自分自身、スタートの部屋」まで到達してしまうのです。

２０２１年から２０２３年にわたる、牡羊座にとっての「木星の時間」は、２０２０年までにひと仕事を終え、２０２１年から新しい夢を描き、それを実現するために少し過去を振り返り、そこから一気にスタートラインに立って、２０２３年のなかばから後半にかけて、夢の「最初の果実」を収穫する、という流れとなっています。

ですが、２０２１年の「夢」のスケールは、それよりもずっと大きいのです。２０２３年の「果実」は、ほんの小手調べのようなもので、あなたの野心が求めるものは、そのずっとずっと先にあります。

土星は「社会的責任」を、木星は「理想」を象徴する星です。両者が「仲間、夢、未来」の場所に肩を並べる２０２１年、あなたの視野はどこまでも大きく広がるでしょう。自分ひとりの人生のことだけでなく、天下国家のこと、宇宙のことまで考えたくなるかもしれません。

２０２１年は新しい仲間に出会える年でもあります。

ここでも、土星と木星が同座している、ということから、特徴的なことが読み取れます。すなわち、ここでの「仲間」は決して均質的な人々ではなく、年代が違ったり、バックグラウンドが違ったりと、多様な人々が集まることが予想されるのです。

おたがいに違っているからこそ、語り合えることがあり、協力の幅が広がります。

たとえば、大きな組織で高い地位を築いた人がリタイアし、その後さまざまなサークルや活動に参加したものの、プライドがジャマして人間関係がうまくいかない、というエピソードを耳にすることがあります。

２０２１年の「仲間」は、そんなこともテーマになるかもしれません。つまり、ある集団での顔（ペルソナ）は、ほかの集団に入ったとき、通用しない可能性がある、ということです。

「王様としてあつかわれるから、王様らしい態度が身につく」という話があります。私たちの「他者に対するインタフェース」「態度」は、少なからず「場」によってつくられます。新しい場に所属すれば、古い顔を脱ぎ捨てて新しい顔をつくることが必要になるわけです。

もっと言えば、２０２１年から２０２３年までのすべてをかけて、あなたは「新しい顔」を獲得していくことになるのかもしれません。

なかでも２０２１年の段階では、「新しい場に身を置いて、古い顔（ペルソナ）

を脱ぎ捨てる」ということが、主なテーマとなるようです。

・木星と海王星のランデヴー

２０２１年5月から7月、木星は一気に魚座、つまり牡羊座から見て「過去、秘密の部屋」へと足を踏み入れます。その後いったん「未来、仲間の部屋」へ戻り、２０２１年の終わりから２０２２年5月上旬まで、「過去、秘密の部屋」に滞在します。

ここでは、木星は海王星と居をひとつにすることになります。

海王星は２０１２年からこの場所に位置していました。海王星も木星も、この場所では絶大な力を持つことになります。なぜなら､両者はこの場所・魚座の「王様」のような星だからです。

「過去、秘密の部屋」は、救済や犠牲を象徴する場所でもあります。この時期、過去を振り返ったり、ずっと抱えてきた問題を解決したりする流れが生じます。そのプロセスはすでに2012年から続いてきているのですが、この時期はその動きが一気に加速しそうです。

「過去、秘密の部屋」や海王星について語るとき、「精神的に深いところ」という表現をよく目にします。

私たちの心には「無意識」と呼ばれるような領域があって、そこには自分でもなかなか、手を触れることができません。

夜眠っているときに見る夢の内容をコントロールできないように、私たちは自分にもわからない自分を、内面に抱えて生きています。

そんな「自分にもわからない自分」「もうひとりの自分」と、じっくり対話しなければならない時間が、人生ではときどき、巡ってくるものだと思います。

そうした対話は、自問自答やカウンセリングのようなかたちでおこなわれることもあれば、現実の「他者」との関わりのなかに映し出されるようにして展開することもあります。

心に深く根を下ろした悩みや、ずっと考えても答えの出ない謎は、だれにでもおいそれと話せるものではありません。

この場所が「秘密の部屋」なのは、そういった意味があります。タロットカードのイメージで言えば「隠者」の世界です。

でも、そうした場所にこそ、人生を生きる意味が見つかったり、つらいときのお守りにできるようなイメージを保管したりできるものではないでしょうか。

次に木星が巡ってくる12年後、海王星はすでにこの場所から出てしまっています。

自己の内面のいちばん深い水底まで降りていき、海底に眠る古代の真珠を探すような作業ができるのは、長い人生のなかでも今という特別な時間だけ、なのかもしれません。

・木星が「自分の星座」にやってくる

第2章で「耕転期」のことを書きました。

木星は星占いであつかう10個の星のなかで、ごく古い時代から、もっとも喜ばしい星「大吉星」とされています。この星が自分の星座に巡ってくる時間は、「イイコトがありそうだ！」と考えてもおかしくはありません。

ただ、前述の通り、ここでは「棚からぼた餅」のような手放しの幸運がくるというわけではなく、むしろここから12年ほどの幸福の物語の「スタートラインに立つ」タイミングと言えます。

幸福の種をまく時期、可能性の畑を耕す時期という意味で、この時期を「耕転期」と名づけたのです。

２０２２年5月から10月、そして２０２２年12月下旬から２０２３年5月頭という時間は、牡羊座の人々にとっての「木星の時間」、つまり「スタートの季節」であり、「耕耘期」です。

この時期、人生の新しいステージにポンと飛び乗る人、未知の世界に飛び込んでいく人が少なくないでしょう。

たとえば「ずっと勤めていた会社を辞める」「家を出て独立する」「長期的な苦悩が解決する」など「節目」となる出来事が起こりやすいときです。

引っ越しや結婚、離婚、出産、転職や独立、昇進や異動、病気の回復、家族構成の変化、等々、「これまで」と「これから」がバキッと切り替わるのが、この時期なのです。

今回は特に、土星がおもしろい位置にあります。「仲間、夢、未来」の部屋から「過去、秘密」の部屋へと土星が移動する時間が、ちょうどここに重なっているのです。

この2023年5月頭までの「スタートの時間」は、過去をすべて振りきって、まっさらのところにつっこんでいくような「スタート」とはなりません。

むしろ、過去をすべて包み込み、引き受け、ここから進んでいく先の道で常に過去の自分に支えられていくような、そんな道行きとなるでしょう。

過去の自分に感謝したい、と思える場面が、たくさんあるはずです。

・木星と天王星のランデヴー

2023年5月から木星が向かうのは、「所有、財、獲得の部屋」です。もっと平たく言えば「お金の部屋」と言えます。ベタに言えば「金運のいい時期」に入るのです。

木星は幸運の星であると同時に「拡大と成長の星」でもあります。これが「お金の部屋」に入るということは、ストレートに「景気がいい！」というイメージが浮かびます。

とはいえ、ここにもまた「同居人」がいます。それは、2019年からここに滞在している、天王星です。

天王星は「改革と自由、新しい時代」を象徴する星です。テクノロジーとネットワークも、天王星の管轄です。

「お金が儲かる」と聞いて、金貨が山積みになっているような古式ゆかしいイメージを思い浮かべる人もいるはずですが、天王星はそうした「古い時代の価値観」を打ち壊すような力を意味します。

この星が「お金の部屋」に位置していることから、「経済活動における自由」「新しい時代の経済活動」「モノやお金にとらわれない生き方」「新時代の経済システム」のようなイメージが読み取れます。

つまり、先住者の天王星がいる「お金の部屋」に「拡大と成長の星・木星」が入ると、２０１９年からの試みが急成長・急激に拡大していく、というふうに考えることもできます。

２０１９年ごろからのあなたの経済活動は、どのように変化してきたでしょうか。お金の使い方や稼ぎ方が変わったでしょうか。

「断捨離」「ミニマリスト」のような言葉が一般化していくなかで、人々が求めるものはかつてとはだいぶ違ったものになっています。

この時期のあなたの経済活動は、「自由」と「理想」を軸として変化し始めます。どんな稼ぎ方が自由で理想的なのか、どんな消費行動が自由で理想的なのか。「生き方」そのものにも通じるこうした思考が、２０２３年初夏以降、ぐっと深まるはずです。

また、突発的にガツンと稼ぐ人も少なくないでしょう。自分が所有しているものや生産しているものに、強いスポットライトが当たって「ブレイク」を果たす人もいるかもしれません。

天王星は「何が起こるかわからない」、びっくり箱のような星です。

この時期に始めたビジネスが大きく当たる可能性も、決して少なくないのです。

・冥王星の動き

星占いで用いる星のうち、もっとも動きが遅いのが冥王星です。12星座を２００年以上かけてひと巡りするこの星は、ひとつの星座に10年以上も滞在するので、その意味合いを実感することが少しむずかしい星でもあります。

ただ、2020年はこの冥王星の位置している場所に、木星・土星その他の星がぎゅっと集まったこともあって、冥王星の光を少なからず、体感できたかもしれません。

冥王星は「破壊と再生」の星であり、地中の富のような強大な力を象徴する星です。

2008年ごろから、牡羊座の人にとってはこの星が、「社会的立場、キャリア」の場所に位置していました。

熱い野心を燃やし、大きなものを失いながらも、さらに大きなものとして再生させてきた、という実感を持っている人も少なくないかもしれません。

2023年、この冥王星がやっと、動きます。

完全に移動を完了するのは2024年ごろですが、とにかく最初の一歩を踏み出すのが、2023年4月なのです。

2008年ごろから志してきたことが、2020年ごろにようやく頂点に達し、「これだ！」と思えるものをつかんだ人も少なくないはずです。

2021年から2023年にかけて、いわば「仕上げ」のようなこと、あるいは「ダメ押し」のようなプロセスを歩んだ後、2023年からはもっと遠い未来、もっと広い世界に投げかけるような野望を描き始める、ということになるようです。

冥王星は深く大きな「欲望」の星です。

生き物が生きていく上で、どうしても消すことのできない命の灯そのもののようなエネルギーをはらんでいます。

この星の欲望は、わかりやすく説明できるようなものではありませんし、人間の意志で簡単にコントロールできるようなものでもありません。

私たちは自分を「自分の意志でコントロールできている」と感じていますが、実際は決して、そうではないのです。

自分でも抑えようがないほど望んでしまっていたこと。なぜかわからないけれど追いかけずにいられなかったもの。

2008年ごろから始まった「なぜかわからない」「抑えられない」ことの理由が、2021年から2023年にかけて、次第に明らかになってゆくのかもしれません。

第5章

牡羊座の世界

牡羊座の世界

一般に、牡羊座の人々をあらわす言葉としては、情熱的で積極的、ときに攻撃的。負けず嫌いで勢いがよい、怒りっぽいけれどもすぐに怒ったことを忘れる、竹を割ったようなさっぱりした人々、というようなことが言われます。

これを聞いて、牡羊座の人の多くは首をかしげるようです。

「自分はそんなに積極的でも情熱的でもありません」

「どちらかと言えばぼんやりしていて、引っ込み思案です」

など、さまざまな「反論」をいただいたことがあります。

私がこれまで、占いの内容について、もっとも多く「反論」を受け取ったのは、実は、牡羊座の方々からなのです（！）。

もちろん、占いの結果に納得がいかない方は、星座を問わず、おそらくたくさんいらっしゃるはずです。

でも、その違和感を私に直接、率直に述べてくださるのは、あくまで私の経験にすぎませんが、牡羊座の方がダントツに多いのです。

おそらく牡羊座の人々は、いつもまっすぐに、新しい時間のほうを向いているのだと思います。

ゆえに、他人と自分をくらべて「自分はここが特殊で、こういう人間だな」などと、客観的に自己規定しようとしたりしないのです。そんなひまがあったら、新しい世界や新しい時代、夢中になれることのほうを向いていたい、という意識が強いのです。もっと言えば「(人とくらべて) 自分がどんな人間か」ということに、あまり興味がないのです。


牡羊座の人にとって「自己」は絶対的です。

「我思う、ゆえに我在り」と言ったのはルネ・デカルトですが、彼もまた牡羊座の太陽のもとに生まれています。

「自分がある」ことは、決定的で、絶対的です。

ゆえに「自分とは相対的にどんな特徴があるのか」などということを考えるのは、たぶん、まどろっこしいのです。


牡羊座の人々は率直に「反論」しますが、その「反論」に固執することはほとんどありません。

いただいた反論に対し、私が別の角度から意見を述べると、みなさんごく公平かつ柔軟に、認めるところは認め、嘘っぽいところはツッコミを入れ、決して険悪な雰囲気になることがありません。

率直に反論し、ごくオープンに議論をし、後味がさわやかである、という点は、牡羊座の人々の突出した美質です。


「純粋さ」と言うと、水や水晶のようなイメージを思い浮かべる方も多いと思いますが、牡羊座の人々の「純粋さ」は、炎のそれです。

炎は、非常に純粋です。

人の心臓には「光のない熱」が備わっている、と古代の占星術家は言いましたが、牡羊座の人々は、生命力そのものと言いたいような、純粋な熱を体現しつつ、そのことをほとんど自覚しないまま、周囲を自然にあたためているのです。

牡羊座の人の「悩み」としてよく挙げられるのが、「やりたいことがわからない」「好きなことが見つからない」というものです。

何も目的を持たないような、ぼんやりした無気力な状態は、ほかの星座の人であればそれほど「苦痛」とは感じられないでしょう。悩みとも言えないような悩みに感じられます。

ですが牡羊座の人にとっては、これは非常に重大な苦悩なのです。

本来外側に向かっていくべき炎のようなエネルギーが、行き先を見失って内側に渦巻くとき、激しい焦燥や苛立ち、自信のなさや自己否定につながってしまうのです。

このことは、牡羊座の人々のエネルギーの純粋さに触れるにつけ、深く納得のゆくところです。

牡羊座の星

12星座にはそれぞれ、「支配星」として、王様のような星が割り当てられています。牡羊座を支配する星は「火星」です。火星はマルス、ギリシャ神話ではアレスで、戦いの神です。

この神様は攻撃的で、貪欲で、淫蕩《いんとう》で、暴力的とされ、あまり好かれないようなところもあります。実際、牡羊座の人々のなかにそうした暴力性や貪欲さがある、と書かれている本も少なくありません。

ですが、牡羊座の「守護神」に、パラス・アテナを当てる考え方もあります。私はこの説が大好きです。

「輝く目のアテナ」はアレスと同様、戦いの神です。さらに、彼女は同時に知恵の神でもあり、知性を象徴するフクロウをともなっています。

アテナはさまざまな英雄のサポートをし、ときにはアレスと戦って彼を敗走させることもありました。

牡羊座の人々のなかにあるめざましいエネルギーや攻撃性は、決して傍若無人で野卑《やひ》なものではありません。

パラス・アテナの深い知性とあこがれ、行動力によって統御されている、と考えるほうが、牡羊座の人々のイメージにフィットします。

仮に、牡羊座の人々の内面にアレス的な怒りや攻撃性が燃え立ったとしても、同じく内なる神であるパラス・アテナがそれと戦い、本来のエネルギーをただ撓《たわ》めてしまうのとは異なるかたちで、賢い勝利をおさめているのだと思います。

おわりに

シリーズ3作目となりました『3年の星占い　2021-2023』をお手に取っていただき、まことにありがとうございます！

3年ごとに出る本、ということで、首を長くして待っていてくださった読者のみなさまもたくさんいらっしゃり、本当にありがたく思っております。

また、今回はじめて手に取ってくださったみなさまにももちろん、お楽しみいただける内容となるよう、力を尽くしたつもりです。

ひと昔前、まだコンピュータが一般的でなかったころは、星の位置を計算するだけでも大変な作業で、星占いはどちらかと言えば「むずかしい占い」でした。

たった20年ほど前、私が初学のころは、天文暦を片手に手計算していたものです。

それが、パソコンが普及し、インターネットが爆発的に広まった結果、だれもが手軽に星の位置を計算した図である「ホロスコープ」をつくれるようになりました。

今ではスマートフォンでホロスコープが出せます。

こうした技術革新の末、ここ数年で「星占いができる」人の数は、急激に増えてきたように思われます。


とはいえ、どんなに愛好者の人口が増えても、「占い」は「オカルト」です。

決して、胸を張って堂々と大通りを闊歩できるようなジャンルではありません。

むしろ、こっそり、ひそやかに、「秘密」のヴェールに守られて楽しんでこその「占い」ではないか、という気もします。

もとい「占いを楽しむ」という表現自体、ちょっと首をかしげたくなるところもあります。この表現はこのところごく一般的で、私も「お楽しみいただければと思います」という言い方をしばしば用います。でも、実際はどうだろうか、と思うのです。

占いははたして、「楽しい」でしょうか。

もちろん「仲のよい友だちといっしょに、旅先で占いの館を訪れて、おたがいに結果を見せ合う」とか、「飲み会に占いの本を持ち込んで回し読みしてワイワイやる」などのシチュエーションなら、占いは少しドキドキする、楽しいエンタテインメントです。

ですが、その一方で、不安や悩みを抱え、追い詰められた人が、「藁《わら》にもすがる」

思いで占いに手を伸ばすとき、その思いは「楽しさ」とはかけ離れています。「占い」は、楽しく、ちょっとふざけたものである一方で、非常に真剣で、極めて切迫したものとなるのです。恥ずかしながら私自身も、冷たい汗をかくような強い不安のなかで、占いに救いを求めた経験があります。

とりわけ2020年、全世界が突如、冷水を浴びせかけられたような、いわゆる「コロナ禍」に陥りました。多くの人々が突発的に、経済的な問題、人間関係上の問題、健康問題など、切実極まる問題に直面しました。

この人々が、いったいどんな気持ちで、こっそりと占いに手を伸ばしたことでしょうか。

それを想像するだけでも、胸を締めつけられるような思いがします。

日々私が書いている「占い」は、そうした、悩める心にこたえるものだろうか。
残念ながら私には、それに「こたえられる」自信が、まったくありません。

「占い」の記事は、フィクションやノンフィクションといった一般的な読み物と違い、読み手が自分自身の人生に、占いの内容をぐいっと引き寄せたとき、はじめて意味を持ちます。

ゆえに、読むタイミングが違えば、同じ占いの記事でも、まったく別の意味を持つことがあります。

最近、インスタグラムで、前作、前々作の『3年の星占い』の画像をアップしてくださっているのをしばしば見かけます。それらの画像に写る本の姿は、カバーも折れたり、スレたり、ヨレたりして、くたっとくたびれています。

そんなになるまで何度も読み返し、そのたびに違った意味を汲み尽くしていただいたのだ、と、心がふるえました。

私が書いたつもりのことを超えて、みなさんの手に届き、その人生に触れたときに、はじめて生まれる「意味」があるのではないか。

少なくとも今は、そのことを信じて、本書をお届けしたいと思います。


こんなことを書いた上で、あえて申し上げたいのですが、この『3年の星占い』、みなさまに「楽しんで」いただけることを、私は心から願っているのです。

というのも、ここからのみなさまの「3年」が、真にゆたかで希望にあふれる、幸福な時間となるならば、この本もおのずと「楽しくなる」に違いないからです！

太陽星座早見表

（1930～2027年／日本時間）

太陽が牡羊座に入る時刻を下記の表にまとめました。
この時間以前は魚座、この時間以後は牡牛座ということになります。

生まれた年	期間
1954	3/21 12:53～4/21 0:19
1955	3/21 18:35～4/21 5:57
1956	3/21 0:20～4/20 11:42
1957	3/21 6:16～4/20 17:40
1958	3/21 12:06～4/20 23:26
1959	3/21 17:55～4/21 5:16
1960	3/20 23:43～4/20 11:05
1961	3/21 5:32～4/20 16:54
1962	3/21 11:30～4/20 22:50
1963	3/21 17:20～4/21 4:35
1964	3/20 23:10～4/20 10:26
1965	3/21 5:05～4/20 16:25
1966	3/21 10:53～4/20 22:11
1967	3/21 16:37～4/21 3:54
1968	3/20 22:22～4/20 9:40
1969	3/21 4:08～4/20 15:26
1970	3/21 9:56～4/20 21:14
1971	3/21 15:38～4/21 2:53
1972	3/20 21:21～4/20 8:36
1973	3/21 3:12～4/20 14:29
1974	3/21 9:07～4/20 20:18
1975	3/21 14:57～4/21 2:06
1976	3/20 20:50～4/20 8:02
1977	3/21 2:42～4/20 13:56

生まれた年	期間
1930	3/21 17:30～4/21 5:05
1931	3/21 23:06～4/21 10:39
1932	3/21 4:54～4/20 16:27
1933	3/21 10:43～4/20 22:17
1934	3/21 16:28～4/21 3:59
1935	3/21 22:18～4/21 9:49
1936	3/21 3:58～4/20 15:30
1937	3/21 9:45～4/20 21:18
1938	3/21 15:43～4/21 3:14
1939	3/21 21:28～4/21 8:54
1940	3/21 3:24～4/20 14:50
1941	3/21 9:20～4/20 20:49
1942	3/21 15:11～4/21 2:38
1943	3/21 21:03～4/21 8:31
1944	3/21 2:49～4/20 14:17
1945	3/21 8:37～4/20 20:06
1946	3/21 14:33～4/21 2:01
1947	3/21 20:13～4/21 7:38
1948	3/21 1:57～4/20 13:24
1949	3/21 7:48～4/20 19:16
1950	3/21 13:35～4/21 0:58
1951	3/21 19:26～4/21 6:47
1952	3/21 1:14～4/20 12:36
1953	3/21 7:01～4/20 18:24

生まれた年	期間
2003	3/21 10:01 〜 4/20 21:03
2004	3/20 15:50 〜 4/20 2:50
2005	3/20 21:34 〜 4/20 8:37
2006	3/21 3:27 〜 4/20 14:26
2007	3/21 9:09 〜 4/20 20:07
2008	3/20 14:49 〜 4/20 1:51
2009	3/20 20:45 〜 4/20 7:44
2010	3/21 2:33 〜 4/20 13:30
2011	3/21 8:22 〜 4/20 19:18
2012	3/20 14:16 〜 4/20 1:12
2013	3/20 20:03 〜 4/20 7:03
2014	3/21 1:58 〜 4/20 12:56
2015	3/21 7:46 〜 4/20 18:42
2016	3/20 13:31 〜 4/20 0:30
2017	3/20 19:30 〜 4/20 6:27
2018	3/21 1:17 〜 4/20 12:13
2019	3/21 7:00 〜 4/20 17:55
2020	3/20 12:51 〜 4/19 23:46
2021	3/20 18:39 〜 4/20 5:34
2022	3/21 0:35 〜 4/20 11:24
2023	3/21 6:26 〜 4/20 17:14
2024	3/20 12:08 〜 4/19 23:00
2025	3/20 18:03 〜 4/20 4:56
2026	3/20 23:47 〜 4/20 10:39
2027	3/21 5:26 〜 4/20 16:18

生まれた年	期間
1978	3/21 8:34 〜 4/20 19:49
1979	3/21 14:22 〜 4/21 1:34
1980	3/20 20:10 〜 4/20 7:22
1981	3/21 2:03 〜 4/20 13:18
1982	3/21 7:56 〜 4/20 19:06
1983	3/21 13:39 〜 4/21 0:49
1984	3/20 19:24 〜 4/20 6:37
1985	3/21 1:14 〜 4/20 12:25
1986	3/21 7:03 〜 4/20 18:11
1987	3/21 12:52 〜 4/20 23:57
1988	3/20 18:39 〜 4/20 5:44
1989	3/21 0:28 〜 4/20 11:38
1990	3/21 6:19 〜 4/20 17:26
1991	3/21 12:02 〜 4/20 23:07
1992	3/20 17:48 〜 4/20 4:56
1993	3/20 23:41 〜 4/20 10:48
1994	3/21 5:28 〜 4/20 16:35
1995	3/21 11:14 〜 4/20 22:20
1996	3/20 17:03 〜 4/20 4:09
1997	3/20 22:55 〜 4/20 10:02
1998	3/21 4:54 〜 4/20 15:56
1999	3/21 10:46 〜 4/20 21:45
2000	3/20 16:35 〜 4/20 3:38
2001	3/20 22:32 〜 4/20 9:36
2002	3/21 4:17 〜 4/20 15:21

石井ゆかり（いしい・ゆかり）

ライター。星占いの記事やエッセイなどを執筆。

12星座別に書かれた「12星座シリーズ」（WAVE出版）は、120万部を超えるベストセラーになった。『月で読む　あしたの星占い』（すみれ書房）、『12星座』『星をさがす』（WAVE出版）、『禅語』『青い鳥の本』（パイインターナショナル）、『新装版　月のとびら』（CCCメディアハウス）、『星ダイアリー』（幻冬舎コミックス）ほか著書多数。

LINE公式ブログで毎日の占いを無料配信しているほか、インスタグラム（@ishiiyukari_inst）にて「お誕生日のプチ占い」を不定期掲載。

毎晩、録り溜めた『岩合光昭の世界ネコ歩き』を30分ずつ見てから寝る。ネコは飼っていない。

Webサイト「筋トレ」http://st.sakura.ne.jp/~iyukari/

参考文献

『完全版　日本占星天文暦　１９００年－２０１０年』魔女の家ＢＯＯＫＳ
『増補版　21世紀占星天文暦』魔女の家ＢＯＯＫＳ　ニール・Ｆ・マイケルセン
『Solar Fire・gold Ver.9』（ソフトウエア）Esoteric Technologies Pty Ltd.

[本書で使った紙]

本文　アルトクリームマックス
表紙　ブンペル ソイル
カバー・帯　ヴァンヌーボV ホワイト
別丁扉　タント N-53
折込図表　タント R-11

すみれ書房
石井ゆかりの本

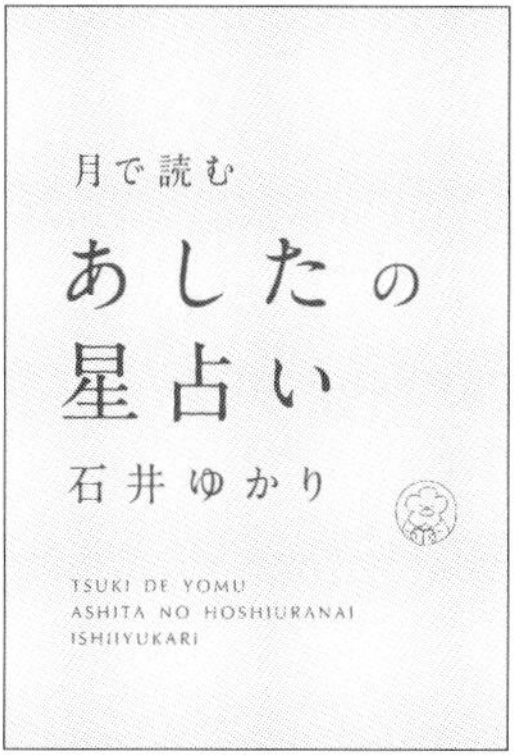

月で読む あしたの星占い

定価 本体 1400 円 + 税
ISBN978-4-909957-02-3

簡単ではない日々を、
なんとか受け止めて、乗り越えていくために、
「自分ですこし、占ってみる」。

石井ゆかりが教える、いちばん易しい星占いのやり方。
「スタートの日」「お金の日」「達成の日」ほか 12 種類の毎日が、2、3日に一度切り替わる。膨大でひたすら続くと思える「時間」が、区切られていく。あくまで星占いの「時間の区切り」だが、そうやって時間を区切っていくことが、生活の実際的な「助け」になることに驚く。新月・満月についても言及した充実の 1 冊。

イラスト：カシワイ　ブックデザイン：しまりすデザインセンター

3年の星占い　牡羊座
2021年－2023年

2020年12月10日第1版第1刷発行
2021年 2月 5日　　　第3刷発行

著者
石井ゆかり

発行者
樋口裕二

発行所
すみれ書房株式会社
〒151-0071　東京都渋谷区本町6-9-15
https://sumire-shobo.com/
info@sumire-shobo.com〔お問い合わせ〕

印刷・製本
中央精版印刷株式会社

ISBN978-4-909957-07-8　Printed in Japan
NDC590　159p　15cm